Christian Comlanvi Agbémingnon Combé

Enracinement Dans L'apprentissage De La Vie

Christian Comlanvi Agbémingnon Combé

Enracinement Dans L'apprentissage De La Vie

S'armer par rapport à certaines questions pertinentes de la vie pour faire son chemin à travers les énigmes s'y érigeant

Éditions Vie

Imprint

Cover image: www.ingimage.com

Publisher:
Éditions Vie
is a trademark of
International Book Market Service Ltd., member of OmniScriptum Publishing Group
17 Meldrum Street, Beau Bassin 71504, Mauritius

Printed at: see last page
ISBN: 978-613-9-58934-0

ENRACINEMENT DANS L'APPRENTISSAGE DE LA VIE

Christian C. A. COMBÉ

PRÉFACE

Malgré tous les efforts de l'humain, les événements de son quotidien, les situations rencontrées ainsi que les difficultés qui surgissent des tentatives d'arrimage des différents courants de pensée n'ont jamais cessé de lui donner du fil à retordre dans le domaine de l'appréhension de la vie en ce sens qu'il est parfois amené à se demander si c'est lui qui a du mal à comprendre ou si c'est la vie qui est de nature à ne pas se laisser comprendre.

Comme beaucoup de grandes figures de l'histoire ont su le démontrer, comprendre la vie dans tous ses aspects est une tâche qui ne relevant pas de la nature humaine exige de toute personne se prêtant à l'exercice l'adoption d'un état d'esprit mu par une forte aptitude à la réflexion approfondie et suffisamment ouvert pour accepter de ne pas s'attendre à des réponses toutes faites mais plutôt à une série interminable d'énigmes que seules une intuition, une patience et une persévérance d'une certaine envergure peuvent décoder.

Cependant, l'aptitude à apprendre de la vie, loin de se classer parmi les aptitudes facultatives de l'expérience terrestre, se trouve non seulement au cœur de la vie en société mais détermine aussi le niveau d'ouverture et de collaboration avec ses semblables.

Le présent ouvrage intitulé **Enracinement dans l'apprentissage de la vie** fait suite à celui intitulé **Initiation à l'apprentissage de la vie** et s'adresse aux associations dont le but est d'asseoir en leurs membres l'aptitude à s'ouvrir à la vie pour apprendre d'elle, aux écoles spirituelles, aux personnes physiques désireuses d'utiliser ces quelques textes basés sur des thématiques bien définies et quelques pensées inspirantes sur la vie pour booster leurs capacités à cerner et à s'harmoniser avec leurs quotidiens. L'amour des énigmes ainsi que la soif d'apprendre de la vie pourraient aussi guider favorablement d'autres vers cet ouvrage qui donnera aux uns et aux autres l'essentiel dont ils auront besoin.

Il est conseillé aux lecteurs, pour tirer vraiment profit de cet ouvrage, de non seulement lire chacun de ces textes et pensées et de faire l'effort nécessaire pour cerner leurs sens profonds mais aussi et surtout de se mirer par rapport aux différents enseignements qui se dégagent de la compréhension desdits textes et pensées en vue de mesurer les éventuels écarts négatifs et d'agir pour les combler.

Christian C. A. COMBÉ

THÈMES ABORDÉS

QUELQUES TEXTES POUR POURSUIVRE L'APPRENTISSAGE DE LA VIE

Texte n°1 : Répondre de ses actes, un comportement en voie de disparition

S'il est vrai que le fait de joindre l'action à la parole demeure encore un casse-tête pour beaucoup, il est encore plus remarquable que le fait d'agir et de répondre de ses actes constitue un point de rebroussement permanent qui fait perdre aux uns et aux autres leurs Grecs et leurs Latins.

On rencontre aujourd'hui beaucoup de personnes qui agissent sans pouvoir avoir la fierté de dire publiquement que c'est elles qui ont posé lesdites actions. Cet état de chose est devenu si criard que l'adage ce que tu fais te fait mérite d'être profondément médité.

Pour agir, la plupart des individus oublient de prendre en compte le fait que chacune de nos actions créent au moins l'une des occurrences ci-après :

- augmenter notre valeur personnelle

- diminuer notre valeur personnelle

- accroître notre visibilité

- augmenter l'appréciation de la communauté à notre égard

- accroître la haine de la communauté à notre égard

....

Ainsi, même si personne ne vient nous interpeller pour nous obliger à répondre de nos actes, les situations que nous vivons ou que nous rencontrons constituent des façons déguisées utilisées par le principe de l'équilibre cosmique pour nous inviter à répondre de nos actes car rien ne fait irruption dans notre vie par hasard (encore que le hasard, cause ignorée d'un effet connu selon Sévérinius ne saurait être conçu comme un concept qui échappe à l'intelligence du cosmos).

Le fait de se remémorer que les mêmes causes produisent les mêmes effets (l'une des formulations de la loi du karma), devrait nous amener à nous poser les bonnes questions avant d'agir. Ce n'est pas parce que personne ne nous voit que nous devons nous permettre de faire ce qui nous passe par la tête et que nous savons parfois non recommandable.

Nous devons faire l'effort de maintenir au mieux la linéarité entre nos actions et l'image sociale à laquelle nous aspirons. Pour cela, nous devons éviter au maximum de perpétuer des actions qui ne riment pas avec l'image de nous-mêmes que nous aspirons projeter.

Nous pourrons par exemple essayer de répondre à cette question chaque fois que nous voulons agir et que personne ne nous voit: Serai-je fier de ce que je suis sur le point de faire si quelqu'un me filmait actuellement à mon insu et publiait la vidéo ensuite?

Chaque fois que la réponse est non, nous devons éviter de poser l'acte que nous comptions poser.

Avec une pratique continue de cet exercice, nos actions permettront non seulement de contribuer au développement de la communauté, à la croissance de notre valeur personnelle mais aussi et surtout nous procureront une joie à la seule idée de nous rappeler que c'est nous qui sommes l'auteur desdites actions.

Texte n°2 : La compréhension de soi, un indicateur de l'état de conscience de l'individu

Depuis des lustres, la compréhension a été au centre des déterminants de la collaboration et de la cohésion sociale car d'elle dépend la réussite de la communication interpersonnelle et des actions concomitantes, coordonnées et orientées vers l'atteinte de résultats tangibles.

Cependant, force est de constater que malgré cette place de choix que la compréhension occupe dans le processus de sociabilisation de l'individu, les faits qui suivent:

se comprendre soi-même,

se faire comprendre par autrui,

comprendre autrui

demeurent un casse-tête pour beaucoup de personnes.

S'il est vrai que les gens se surprennent la plupart du temps entrain d'avoir certains comportements sans pouvoir expliquer à eux-mêmes le pourquoi, il est encore plus trivial que non seulement bon nombre de personnes s'interrogent sur la raison pour laquelle leurs propos et différents agissements sont mal interpretés mais aussi qu'ils ont beaucoup de mal à appréhender avec exactitude les tenants et aboutissants des intentions que véhiculent les propos et agissements des autres.

En effet, si nous devenons des étrangers pour nous-mêmes à travers notre incapacité à nous comprendre nous-mêmes, comment arriverons-nous à faire capter à notre entourage notre vrai intention (encore faudra-t-il que nous en ayons une) et à nous mettre à la place des autres pour intégrer ce qu'ils disent ou ce qu'ils font? Les crises de compréhension proviennent essentiellement de ce déficit de compréhension envers notre propre personne en ce sens que les autres qui nous entourent ne sont qu'un autre nous. C'est donc un leurre de penser que l'on peut se faire comprendre ou que l'on peut comprendre les autres sans être en mesure de se comprendre soi-même. La première personne que nous devons chercher à comprendre est nous-mêmes car selon les grands sages, il n'y a que nous tout autour de nous et toutes les situations que nous vivons ne sont que le flux et le reflux de nos actions envers nous-mêmes.

La connaissance que nous avons de nous-mêmes et de l'univers au sein duquel nous vivons se déduit du degré de facilité que nous avons à comprendre nos propres propos et agissements.

Blâmer les autres est facile mais ne résout presque jamais le problème en ce sens que la cause fondamentale du problème est nous-mêmes. Il nous faut pour cela prendre l'habitude de réfléchir profondément au pourquoi de la plupart de nos comportements(une façon d'enlever la paille de notre propre œil) au lieu de nous laisser aller au réflexe de voir les autres comme la cause de notre problème (une manière de voir la poutre dans les yeux des autres).

Remarquons ceci: même si nous arrivons à démontrer avec des preuves à l'appui que 99,99 pourcent de la cause d'une situation que nous vivons provient d'autrui, nous sommes responsables pour avoir contribué à la matérialisation de ladite situation par les 0,01 pourcent d'autorisation que nous avons donnée (consciemment ou inconsciemment)

Prenons garde et axons nos efforts dans le bon sens tout en y intégrant la notion de respect des priorités.

Texte n°3 : Le libre arbitre, la plus grande source de divergence au sein de l'humanité

Désignant le fait de choisir d'avoir une conception donnée de soi et/ou de voir les choses d'une certaine manière propre à soi, le libre arbitre, depuis des temps immémoriaux n'a cessé de faire couler beaucoup d'encre en raison des influences qu'il exerce sur le fonctionnement de la société et particulièrement sur son penchant à encourager le développement des tendances libertines en son sein.

Sous son couvert, se sont développés :

-des comportements peu recommandables,

-des conceptions très diversifiées de la vie,

-des orientations opportunistes dans les prises de décision,

-l'accentuation à une échelle exponentielle de l'esprit de concurrence,

-l'expansion à grande échelle de l'individualisme,

-la prééminence de la mentalité selon laquelle le respect des lois cosmiques et sociétales est facultatif,

-une génération pour qui tout ce qui est possible est permis,

.....

Aussi, a-t-il favorisé l'émergence des habitudes mettant en cause l'existence des normes et tendant à faire admettre que rien ne régule:

-le mouvement du vent,

-le déplacement de la fourmi,

-le cri des oiseaux,

-le rugissement du lion,

-la succession des saisons,

-l'incarnation des esprits,

-la concrétisation des évènements,

-la collaboration sociale,

-l'harmonie dans les relations interpersonnelles,

-la réussite dans les affaires,

....

L'on se retrouve ainsi dans un monde où l'ignorance des principes régissant le fonctionnement de la vie dans chacune de ses dimensions est une mode. L'on pourrait encore retrousser nos manches et prendre des mesures correctives s'il ne s'agissait que de cela, le pire, c'est que des personnes en sont arrivées à ne pas avoir conscience de leur état d'ignorance. Ces derniers, croyant connaitre se font souvent passer pour des détenteurs de la science infuse.

Remémorons-nous ce qui suit:

-Ce n'est pas parce que l'enfant ne sait pas que le feu brûle qu'il en sera épargné lorsqu'il mettra la main au feu,

-Ce n'est pas parce que l'aveugle ne voit pas le soleil qu'il est en droit de dire que le soleil n'existe pas,

-Ce n'est pas parce qu'une combinaison d'actions marche pour vous que chacune de ces actions est recommandable,

-Ce n'est pas parce qu'une combinaison d'actions ne marche pas pour vous que chacune de ces actions est mauvaise,

Prenons garde, apprenons de l'expérience des autres et habituons-nous à identifier avec la plus grande précision les causes réelles de nos succès et de nos échecs.

Texte n°4 : La médisance, une gangrène latente mais certaine des relations

Située à l'antipode de la pratique des bien-disants et faisant référence au fait de dire du mal de quelqu'un, soit par méchanceté, soit par légèreté, mais en pensant dire vrai, la médisance est une calomnie qui exprime la malveillance avec des accusations inventées de toutes pièces. Partie intégrante des pratiques d'usage et tendant à se généraliser, elle est dans la plupart des cas utilisée dans l'intention de renforcer la mauvaise image de quelque chose ou de quelqu'un.

Bien que dans certains cas, les dits retracent exactement ce qui est, l'apport d'une telle pratique à l'harmonie au sein des relations et à la cohésion sociale est négligeable en ce sens que celui ou celle dont on parle n'est pas personnellement approché par rapport au sujet et aucun échange responsable en présentiel n'est tenu avec lui pour lui faire comprendre clairement ce qui lui est reproché ni ce qui est attendu de lui. Nous ne devons pas nous cacher sous couvert de l'exhortation de la philosophie à faire preuve de l'esprit critique au détriment de l'esprit de critique pour basculer dans la pratique de la médisance.

S'il y a quelque chose qui ne nous plaît pas chez un proche, un collègue, un ami, un parent, un frère...etc, prenons l'habitude de le rencontrer personnellement et de le lui faire savoir au lieu d'aller en parler auprès d'autres personnes. C'est toujours mieux de procéder ainsi car même si l'échange en présentiel avec l'intéressé ne débouche pas sur un terrain d'entente, ce dernier, en apprenant par la suite que l'objet de la discussion a été rapporté exactement à d'autres personnes sera moins frustré que si aucune action n'a été menée à son endroit en amont.

Il va de l'intérêt des uns et des autres de se munir de cette audace, de cette honnêteté, de ce courage et de cette franchise pour amoindrir les foyers d'ébullition et les tensions dans les relations interpersonnelles, familiales, professionnelles, amicales...etc et préserver l'harmonie et la stabilité dans les liens de voisinage, de coopération, de collaboration...etc

Rappelons-nous que le coeur ne se met jamais en boule si les yeux n'ont rien vu de révoltant et si les oreilles n'ont rien entendu de salissant.

Texte n°5 : L'acceptation, un outil de décryptage du langage universel

Depuis toujours, le manque d'alignement entre les situations vécues et celles souhaitées a poussé à des interrogations interminables en rapport avec la vie et a fait l'objet de plusieurs communications, écrits et échanges à sens unique ou interactifs visant à mettre à disposition des méthodes pour réduire au maximum cet écart négatif constaté de façon récurrente.

Force est cependant de constater que le fossé ne cesse de se creuser. En effet, beaucoup sont ces personnes qui passent leur temps à :

- en vouloir à elles-mêmes à cause de leur passé

-lutter contre les réalités qu'elles vivent dans le présent

-naviguer à contre-courant en ce qui concerne les circonstances encourues.

-entretenir de la tension entre elles-mêmes et les événements qu'elles sont amenées à traverser

-voir les choses selon leur état d'esprit

-se mettre en concurrence avec les autres

-se plaindre continuellement de leur situation

....

sans jamais s'imaginer qu'il existe des raisons pour lesquelles les choses sont ce qu'elles sont et ceci du simple fait que le hasard n'existe pas.

Nous devons comprendre que chaque fois qu'une situation se produit, elle intègre trois grandes informations :

-ce qui est perçu,

-ce qui est,

-l'intention qui en est à la base.

Il est facile de s'enfermer dans un labyrinthe d'interprétation des situations sans jamais parvenir à savoir de quoi il est question et les intentions maîtresses qui en sont à l'origine.

Pour mieux comprendre la quintessence des messages véhiculés par les circonstances de notre vécu quotidien, nous devons accepter le fait qu'il existe une logique qui supplante la logique humaine et qui régule tout ce qui arrive depuis le mouvement de la fourmi jusqu'à la succession des saisons. La compréhension du langage universel fait suite à l'acceptation que les situations portent en elles-mêmes une logique que notre logique humaine peut ne pas être en mesure d'appréhender.

Le refus d'accepter les situations ne fait que compliquer notre relation avec la nature et inhiber notre harmonie intérieure avec nous-mêmes.

Si nous voulons un jour percer le mystère de ce semblant d'anarchie qui pourtant est un ordre pour l'univers, nous devons nous méfier de nos:

-opinions préconçues

-jugements intempestifs

-interprétations hâtives

-sens

-logiques humaines

-habitudes mentales

-conditionnements de la société

......

Texte n°6 : La liberté, l'autre façon de désigner l'ombre de la responsabilité

Fréquemment réclamée par la nature humaine, rarement obtenue pour étancher la soif des incapables de mouvements et de choix émanant de leurs désirs profonds et jamais expérimentée dans son entièreté au vrai sens du terme, la liberté peut être définie comme la possibilité qu'a en pratique une personne, un animal, ou parfois une chose, de penser sans contraintes, d'agir selon son bon vouloir, de se mouvoir sans contrainte.

Malgré l'existence des lois à l'échelle sociétale qui devraient constituer des éléments de circonscription de cette notion pour assurer la cohésion de la vie en communauté, force est de constater que l'humain à tendance à agir comme bon lui semble jusqu'au moment où la vie lui fait prendre conscience qu'il ne devrait pas agir ainsi.

C'est alors qu'au-delà des lois sociétales qu'il se plaît à transgresser, il commence par soupçonner l'existence de principes en charge de la réglementation de la vie en général et des agissements des créatures en particulier.

Il commence ainsi sa quête qui le mènera à l'intégration de la raison d'être des conseils, des remontrances, des interdits, des introspections, des examens de conscience....etc. Il comprend que malgré le fait que tout semble possible et que tout paraît permis, il n'en est point le cas. Il perçoit à partir de cet instant mieux que quiconque le sens des responsabilités et est convaincu que toute liberté véritable devrait être vue comme des fleurs de l'arbre dont les racines sont les responsabilités.

Les grands initiés ont coutume de dire liberté totale, responsabilité totale.

Pensez-y.

Texte n°7 : L'adoption d'une échelle de valeurs, une des portes de sortie de l'errance

Depuis toujours et particulièrement de nos jours, l'être humain dans sa quête de réussite et de succès dans la vie s'est laissé prendre au piège de la facilité, devenant ainsi partisan du dicton la fin justifie les moyens

S'il est vrai que c'est aux fruits d'un arbre que l'on le reconnaît et que c'est aux résultats d'une action que l'on apprécie l'action, la quête de bons résultats ne devrait pas obnubiler l'humain au point de l'amener à se renier inconsciemment par ses propres agissements.

En effet, de plus en plus de personnes, au nom d'une supposée recherche de bien-être et de conditions favorables, passent le clair de leurs temps à migrer au gré des circonstances jugées opportunes à l'instar d'une girouette qui change aléatoirement de direction au gré du vent. Cet état de chose transforme l'individu en une marionnette dont les ficelles responsables de ses différents mouvements ne sont rien d'autre que les situations perçues par lui comme porteuses d'espoir. Ce faisant, il cesse d'agir pour faire passer des informations relevant de ses aspirations profondes et il s'accoutume à n'agir que pour se conformer à des tendances qu'il juge favorables à lui.

Cette errance qui ne dit pas son nom mais qui constitue une porte ouverte vers l'anomie fait qu'il en sait très peu sur lui-même et le pousse inconsciemment à considérer que tout ce qui est fait et qui n'a généré aucune conséquence fâcheuse dans les instants qui suivent est bon à adopter.

Si le fait de vivre dans un milieu sans tenir compte des contraintes qui lui sont propres peut parfois générer des déconvenues inimaginables, le fait de vivre sans adopter une échelle de valeurs précises peut facilement mener à une perte totale. Les sages ont coutume de voiler cette réalité dans le dicton une vie qui n'est pas accrochée à une étoile court droit à sa propre perte.

Chacun, pour établir sa propre échelle de valeurs pourra:

1- s'amuser à hiérarchiser (classer du plus important au moins important) les valeurs comme l'intégrité, la probité, l'honnêteté, la franchise, l'humilité, la simplicité, la fermeté, l'abnégation, la générosité, la serviabilité, le respect, le courage, l'endurance, la persévérance, la confiance en soi, la fidélité, la loyauté, l'entraide, l'assistance, la patience, l'exemplarité...etc selon ses convictions et aspirations personnelles,

2- Choisir les quatre valeurs les plus importantes obtenues à l'issue du classement,

3- Circonscrire chaque fois qu'il est question de prendre des décisions ou d'élaborer des mécanismes pour l'atteinte d'un objectif précis, les moyens pour lesquels il a opté au sein de ces quatre valeurs.

La mise en pratique assidue et continue de cet exercice permettra à chacun d'agir selon sa propre échelle de valeurs et ainsi favorisera la régénérescence d'une société où le respect des valeurs prime sur la recherche de l'intérêt personnel. Il y va de l'intérêt de tous et de toutes.

Texte n°8 : L'aptitude à apprendre de ses expériences, l'épicentre de toute transformation positive

Depuis des temps immémoriaux, la quête du succès, de l'évolution et de la croissance sous toutes ses formes, de transformations positives et de situations reluisantes, de prospérité...etc occupe une place de choix dans la liste des priorités humaines.

Malgré ce fait, avoir la main mise sur la véritable origine ou l'élément inducteur desdites transformations tant recherchées demeure un mythe pour la grande majorité des populations en ce sens que très peu de personnes arrivent à effectivement tirer leurs épingles du jeu.

En effet, s'il est vrai que l'humain ne vit et n'est fait qu'au sein d'un environnement, il demeure aussi vrai qu'il ne peut fermer les yeux face à ses interactions avec cet environnement et espérer s'améliorer. Ainsi, l'on ne fait aucun progrès en ce qui concerne l'appréhension de sa propre réalité, l'identification des erreurs à éviter, la distinction de certaines situations courantes aux apparences hautement interchangeables mais pourtant très différentes, la connaissance des exceptions, la scrutation de l'inconscient collectif...etc tant que l'on refuse consciemment ou inconsciemment de puiser de l'interaction que l'on a avec son environnement où son voisinage.

Il est clair que personne en voulant entamer quelque chose ne se met dans la tête qu'il n'arriverait pas. Mais lorsque cela arrive, très peu sont ces personnes qui font l'évaluation de la situation afin d'identifier clairement la cause. Ceci aurait certainement poussé un grand homme à dire ce qui suit: si tu perds, ne perd pas la leçon. Aussi constate-t-on que beaucoup de personnes ne prennent pas le temps d'identifier clairement ce qui a été à l'origine de leurs succès.

Personne ne peut se retrouver dans une situation qui n'a rien à lui apprendre disent les grands sages. Cependant, il importe de se remémorer que notre expérience ne se limite pas seulement à ce qui nous arrive personnellement mais s'étend à tout ce qui arrive aux autres et dont nous avons connaissance.

Il va donc de l'intérêt des uns et des autres de s'habituer à toujours apprendre aussi bien de ses échecs que de ses succès afin d'avoir une longueur d'avance sur les évènements.

Texte n°9 : La variation de la considération donnée à autrui, un indicateur du degré de clairvoyance

De tous temps, les relations humaines ont été et sont demeurées des scènes d'expression et de confrontation d'opinions, de perceptions et de centres d'intérêt dont la conjonction nécessite presque toujours une dose non négligeable de discernement et d'empathie. Cet état de chose fréquemment constaté mais généralement passé sous silence est révélateur d'une part du caractère peu conciliant de certains individus et d'autre part de l'existence d'une barrière empêchant d'accéder à la vérité sur la nature des autres.

En effet, combien de fois n'a-t-on pas dit ou entendu dire:

-Il ou elle ne mérite pas la confiance que je lui ai accordée

- je ne me suis jamais imaginé qu'il ou elle était capable d'une telle prouesse

- je me suis littéralement trompé à son sujet

- je commence par le détester

- il ou elle n'a plus aucune valeur à mes yeux

.....

La prononciation de telles assertions confirme que des aspects de l'autre sont restés cachés à un moment donné et ont été perçus par la suite. C'est ainsi que :

- des groupes se disloquent

- des associations meurent

- des ami(e)s se séparent

- des rapprochements voient le jour

- de nouvelles relations se créent

....

Dans la plupart des cas, le problème n'est pas l'autre mais plutôt le manque de clairvoyance pour déceler très tôt ces aspects cachés qui font l'objet d'affolement ou d'étonnement. Plus l'individu est clairvoyant, plus rapidement il a connaissance de la vérité que les événements tentent très souvent de cacher. Il lui est alors plus facile d'accéder à la vérité à son propre sujet qu'en ce qui concerne les autres.

Tant que l'individu continuera à voir ceux qui l'entourent sous l'angle des bons ou mauvais comportements émanant d'eux, il passera tout son temps à apprécier ou à détester pour ce qui lui ai affiché et ne sera jamais en mesure de collaborer avec les autres pour ce qu'ils sont.

Il faut comprendre que quel que soit notre choc à la découverte des aspects cachés des autres, ces derniers demeurent ce qu'ils sont.

Pour cela il faut se remémorer que bien qu'il y a du bon en chacun, personne n'est parfait même si certains tendent vers la perfection et éviter de se faire du mauvais sang pour rien.

Les personnes averties ont fait savoir que chacun est une valeur intrinsèque indépendamment de ses actes et paroles. Elles ont recommandé pour une cohésion pérenne au sein des relations humaines de se focaliser sur ce quelque chose qui est bon en l'autre. Ce faisant, l'on pourra aider autrui à écouter une histoire plus reluisante de lui-même, éviter les disputes inutiles mais aussi et surtout s'affranchir de la complexité que reflètent les cohabitations, les collaborations, les coopérations, les associations...etc.

Texte n°10 : La confiance en soi, le point de départ du déploiement du potentiel personnel

Depuis des lustres, parcourir victorieusement le chemin qui mène d'une aspiration à sa matérialisation a été et demeure un casse-tête pour la plupart des humains. Cet état de chose, dû non seulement à l'écart négatif entre la formulation mentale du résultat auquel l'on aspire et le fait de lui donner corps mais aussi à la méconnaissance de la partition relevant de l'appréhension que l'on a de soi et qui entre dans le processus menant à la densification dudit résultat, constitue un puzzle important sur l'échiquier du développement personnel.

En effet, beaucoup de personnes sont conscientes de leurs potentiels et ont des aspirations bien définies mais sont dans la plupart des cas incapables de faire un usage judicieux desdits potentiels pour produire des résultats tangibles comblant leurs aspirations dans le monde matériel. On voit donc qu'il ne suffit pas de savoir ce que l'on veut pour lui donner forme mais qu' en plus, il faut un engagement envers sa propre personne basée sur la conception que l'on a de soi et aussi sur la confiance que l'on a en soi. L'humain ne contrôle pas de façon exhaustive tout le processus menant d'une idée à sa matérialisation mais il arrive à jouer efficacement sa partition sur la base de la confiance qu'il nourrit envers sa propre personne. De l'appréhension de soi découlera la confiance qu'il nourrira envers soi et de cette confiance jailliront la motivation et la force indispensables à l'accomplissement des tâches relevant de la partition humaine et qui participent à la matérialisation des projets, rêves, des aspirations, des idées.. etc.

La confiance en soi est donc cette pratique qui pousse:

- à agir en adéquation avec soi-même pour atteindre des résultats concrets

- à s'imposer une rigueur qui oblige à bien se focaliser sur ce que l'on fait

- à fournir l'effort nécessaire pour bien faire ce que l'on a à faire

- à compter sur soi-même pour trouver les voies et moyens nécessaires au bon accomplissement de chaque tâche

... etc

Une longue observation du comportement des personnes à la quête du succès et de la réussite permet de comprendre ce qui suit: *Offrez à quelqu'un toutes les opportunités de la terre et sans un minimum de confiance en soi, il n'arrivera à saisir aucune d'elles.

Sans la confiance en soi, des projets, des rêves, des aspirations...etc resteront immatériels car la motivation et la force nécessaires pour poser les actions adéquates allant dans le sens de leur matérialisation manqueront.

Pour une meilleure collaboration avec l'intelligence cosmique dans le cadre de la matérialisation des intentions et l'accroissement des performances individuelles, il est indispensable de développer une grande confiance en soi. Il va de l'intérêt des uns et des autres de s'y atteler.

Texte n°11 : L'anticipation, un indicateur du degré d'ouverture d'esprit

Depuis toujours, l'observation aigue du quotidien de l'humanité n'a cessé de faire savoir que les appréhensions des personnes par rapport à un même énoncé varient selon plusieurs paramètres incluant entre autres l'ouverture d'esprit.

Souvent assimilée à la large couverture d'éventualités caractérisant les façons de voir ou les prises de décision, l'ouverture d'esprit est cette qualité qui aide l'individu à voir au-delà des circonstances, des dits, des faits..etc et à détecter les aspects cachés voire insoupçonnés. C'est ainsi qu'il arrive à :

-voir ce que les autres ne voient pas

-lire ce que les autres ne peuvent pas déchiffrer

-sentir ce que les autres ne sentent pas

-comprendre ce qui paraît incompréhensible pour les autres

......etc

L'anticipation étant le fait de prendre des mesures pour résorber des éventualités susceptibles de surgir et pouvant entraver le cours normal des choses, est une conséquence de la largesse d'esprit et de l'aptitude à cerner tous les contours d'un problème, d'un dit, d'un fait...etc. L'on ne saurait prendre des dispositions pour prévenir ou dompter telle ou telle situation, initialement inexistante, si auparavant l'on n'est pas arrivé à s'imaginer sa probable irruption. Ainsi, pour anticiper, il faut avoir de la hauteur sur les situations actuelles telles qu'elles se présentent et se faire une idée de leurs implications et éventuelles transformations.

Sans ouverture d'esprit pas d'anticipation et donc si l'on n'arrive pas à intégrer l'anticipation dans les habitudes quotidiennes, c'est simplement parce que l'on n'est pas suffisamment ouvert d'esprit.

Tous les sages et grands visionnaires qui ont impacté positivement l'histoire de l'humanité ont cette largesse d'esprit qui leur permet de s'apercevoir de très loin des tendances et mutations futures qui étaient alors inimaginables pour les hommes ordinaires de leurs époques. La plupart de leurs propos était incompris de la masse. Ils prenaient des décisions et établissaient des priorités dont le commun des mortels ne comprend la pertinence que des années plus tard.

Tout leader est d'abord un visionnaire et ce faisant, aucune situation ne réussit à le mettre en dérive en ce sens que sa largesse d'esprit lui permet de s'en apercevoir de très loin et de prendre des dispositions adéquates pour la juguler avant même qu'elle ne fasse irruption ou juste au moment où elle fera irruption.

Pour servir d'exemple au sein de la communauté à travers l'accomplissement d'idéaux contribuant aussi bien au bien-être personnel qu'à celui des autres, il urge de garder un esprit suffisamment ouvert permettant d'anticiper naturellement les événements.

Texte n°12 : L'imitation, un couteau à double tranchant qui ne dit pas son nom

Depuis toujours, le monde n'a jamais cessé d'être sujet à de grandes mutations basées entre autres sur la quête

-du bien-être,

-de l'évolution dans tous ses sens,

-de l'amélioration des conditions de vie.

Ce fait ne saurait passer sous silence en ce sens qu'il induit la recrudescence de certains comportements au nombre desquels figure l'imitation.

Si imiter renvoie à au moins l'une des occurrences ci-après :

- Faire ou s'efforcer de faire exactement la même chose qu'une autre personne.

- Prendre la conduite, les actions d'une personne pour modèle.

- S'efforcer de prendre, dans ses compositions, le style, le genre, la manière d'un autre

.....etc,

Il n'est pas à perdre de vue que bien que l'on puisse s'en servir pour véritablement se tirer d'affaire, cette pratique pourrait aussi constituer une voie de perdition et de dégénérescence de l'originalité.

D'une part, beaucoup de personnes, pour arriver à donner corps à leurs rêves se font accompagner par un mentor (une personne qui a déjà pu matérialiser ce qui demeure encore un rêve pour celle qui est accompagnée). Il n'y a rien de mal à cela puisque cet accompagnement ne fait que mettre à disposition le nécessaire pour renforcer aussi bien mentalement que physiquement le porteur de rêve. D'ailleurs, l'accompagnement d'une personne qui a pu matérialiser ce que l'on convoite permet de conforter et de rassurer de ce que si l'on n'arrive pas à bout, c'est que l'erreur incombe à soi-même vu que quelqu'un a réussi à le faire. Il est de ce fait non seulement recommander de toujours se faire accompagner par un mentor mais aussi et surtout de s'entourer des personnes qui ont des objectifs similaires aux nôtres.

D'autre part, par manque de connexion à soi-même et ne sachant à quel sein de vouer, certaines personnes ne se sentent à l'aise que lorsqu'elles font exactement ce que les autres font. Elles ne prennent pas la peine de comprendre les raisons qui motivent telle ou telle action qu'elles voient faire mais estiment que c'est ne pas être à la page que de s'abstenir de reproduire ce qui se passe dans leur environnement. Cet état de chose, pratiqué avec l'argument pour évoluer, il faut faire comme ceux qui ont évolué cache une profonde perdition et un manque criard d'originalité. Dans ces conditions, imiter devient un moyen de camoufler son incapacité à se fixer des objectifs rimant avec ses aspirations personnelles et se révèle être un véritable handicap pour faire l'expérience de la productivité consciente, de la joie de vivre, de la paix du cœur et de la tranquillité d'esprit.

Les sages recommandent de ne pas chercher à copier les autres sans comprendre les dessous de leurs actions. Ils estiment certes qu'il peut par moment s'avérer très utile de se référer à certaines actions en guise de phare pour l'atteinte de ses objectifs personnels mais qu'il n'est pas souhaitable d'en devenir si obsédé qu'en leur absence, l'on ne puisse rien accomplir de notre propre chef.

Chacun est invité à faire la part des choses dans sa vie afin de redéfinir ses priorités pour l'atteinte et la pérennisation de son équilibre personnel.

Une contribution lucide et efficiente aussi bien au développement individuel qu'à celui de la communauté en dépend.

Texte n°13 : L'alignement avec soi-même, un carburant insoupçonné des grands accomplissements

De tout temps, l'accomplissement de grandes choses pour marquer positivement sa génération est demeurée pour beaucoup une aspiration dont la matérialisation n'a jamais cessé de drainer énergies, dures labeurs, sacrifices, sueurs...etc.

Le constat cependant est que très peu arrivent réellement à se tirer d'affaire malgré toute la détermination mise en jeu.

Ce fait amène à s'interroger sur cet élément, à première vue sans importance mais qui semble donner un coup de main à certaines personnes tout en laissant d'autres au pied de la porte.

Une observation plus approfondie permet de se rendre compte qu'alors que certaines personnes font ce qu'elles aiment en agissant conformément à leurs aspirations et en étant totalement alignées avec elles-mêmes, d'autres passent le clair de leur temps à agir en espérant que lorsqu'elles produiront un résultat cela pourra par la suite les combler.

L'alignement avec soi-même, l'autre nom de l'accord avec soi-même et de l'harmonie individuelle en rapport avec l'activité est un facteur déterminant dans l'autosatisfaction quant aux agissements et aux accomplissements.

En effet lorsque l'individu prend soin de rester aligné avec lui-même dans ce qu'il fait, il ne sent pas la douleur de l'effort déployé et ne se fatigue pas sous le coup de la charge de travail abattu. Il vit ses heures de travail comme des heures de distraction et s'épanouit énormément à travers ce qu'il fait. A l'opposé, lorsque ce n'est pas le cas, l'individu ressent nettement qu'il dépense beaucoup d'énergie, il sent qu'il s'échine beaucoup et il n'est pas généralement comblé sur le plan émotionnel par les résultats qu'il obtient.

Les sages conseillent d'identifier clairement ce que l'on aime et de choisir des activités qui s'inscrivent dans ce cadre si l'on veut vivre heureux, accomplir de grandes choses sans jamais avoir l'impression d'avoir travaillé un seul jour de notre vie.

Le plus important n'est donc pas de passer à l'action mais de déterminer clairement ce qu'on aime, cette chose que l'on pourra faire à longueur de journée sans jamais ressentir la moindre fatigue et qui au contraire ne fera que nous mettre à l'aise.

Il ne reste alors qu'à prendre l'habitude d'aller au fond de nous-mêmes pour nous écouter afin de déceler cette chose, cet ensemble de possibilités dans lequel nous ne ramerons jamais à contre-courant, ensuite de repérer des activités correspondantes et de nous lancer.

La productivité et l'exercice de l'effort sans cesse renouvelé n'en seront que favorisés et d'eux découleront contribution volontaire au développement de la communauté et accumulation de gains matériels pour une vie plus harmonieuse.

Texte n° 14 : L'exercice du pouvoir, une pratique plus exigeante qu'elle ne le paraît

Depuis toujours, l'aspiration à l'exercice d'une ascendance sur les choses, l'environnement, son cadre de vie, ses semblables...etc n'a cessé de fasciner l'Homme. Ce fait qui en attirant beaucoup d'attention, suscite très rarement des réflexions approfondies sur la question de la part des concernés, mérite un examen minutieux afin de mieux cerner les dessous de cette tendance en pleine expansion.

En effet pour beaucoup,

- avoir le dernier mot en ce qui concerne les prises de décisions,
- avoir la capacité de faire primer leur volonté dans un environnement donné ou par rapport à celle des autres,
- être en position de décider des choix et des orientations à adopter dans un milieu,
- avoir de l'ascendance au sens large du terme sur les choses, les autres et les circonstances

....etc,

est la meilleure manière de se faire connaître, de révéler à la face du monde ses capacités et de se faire respecter.

Une question cependant demeure quant à l'attribution de décideur que confère cette ascendance si tant recherchée.

Approchés par rapport à la question, les personnes averties ont fait savoir ce qui suit:

Le pouvoir avant tout est une énergie qui permet d'exprimer la prééminence de l'intelligence cosmique dans la nature. Il peut prendre plusieurs formes mais toutes devraient s'apparenter à des canaux de réponse de l'infiniment grand aux requêtes des créatures. Son exercice suppose un alignement parfait avec les principes cosmiques et une aptitude à taire ses pulsions humaines pour n'être qu'un canal de transmission de la volonté d'en haut. Il expose à une très grande responsabilité et idéalement devrait être partie intégrante du chemin de vie de l'aspirant. En réalité, il ne devrait pas être exercé, mais l'aspirant devrait juste apprendre à laisser ce dernier l'utiliser à sa guise. Il devrait être vu comme quelque chose qui n'a rien à avoir avec une quelconque gloire matérielle

Ainsi, on se rend compte que loin d'être un objet de gloire matérielle, l'exercice du pouvoir est beaucoup plus une affaire de responsabilité et de collaboration avec l'intelligence cosmique pour répondre aux besoins de son entourage. L'aspirant au pouvoir devra donc être en phase avec l'intelligence cosmique afin d'échanger pratiquement et réellement avec lui dans le cadre de l'exercice de son rôle de canal de transmission.

Il nous faut alors nous harmoniser avec les principes cosmiques et l'essentiel des règles relationnelles si nous estimons qu'il nous incombe d'avoir l'attribution de décideur. L'efficacité, l'exemplarité et l'incitation à donner le bon exemple dans les leaderships n'en seront que renforcées. Pensons-y. Bonne Méditation

Texte n° 15 : Le respect, une valeur de plus en plus bafouée dans la communauté

Depuis des éons, l'éducation au sein de l'humanité accorde une place de choix au respect parce qu'elle considère qu'une faille liée à ce dernier représente la goutte d'eau susceptible de faire déborder le vase que constituent l'harmonie et la quiétude relationnelle. Le fait est si important que le manque de respect est souvent pointé du doigt et est la source de la plupart des mésaventures de l'espèce humaine.

Défini comme:

- le sentiment de considération, d'égard envers quelqu'un ou quelque chose, manifesté par une attitude déférente envers celui-ci ou celle-ci.

Ou encore

- le souci de ne pas porter atteinte à une personne ou à une chose,

le respect fait non seulement ressortir la valeur qu'incarnent les autres ou les choses mais il s'attarde aussi sur la prise en compte de cette valeur dans les différents dits et agissements.

Le manque de respect, loin de se limiter au fait de tenir des propos déplacés ou d'avoir des comportements non recommandables envers quelqu'un ou quelque chose, inclut le fait de:

- mentir,
- médire,
- manipuler,
- polluer l'environnement
- voler,
- abaisser publiquement
- nier
- tromper
- trahir

......

Il apparaît ainsi que beaucoup d'actions humaines s'apparentent bel et bien à un manque de respect envers autrui, envers le cadre de vie ou envers la vie au sens large du terme.

L'âge, l'aspect culturel ou cultuel ou encore sacré d'un lieu ne devraient pas être les seules critères qui poussent au respect. Il devrait s'agir d'un automatisme qui à chaque personne (présente ou absente), chaque chose (qui nous est utile ou non), chaque milieu (auquel nous attachons du prix ou non).....etc asssocie une profonde considération induisant tout naturellement l'entretien d'un égard dans les dits, les interactions, les comportements, les agissements, les prises de décision, les initiatives....etc

Il nous faut donc réintégrer dans notre quotidien cette manière qui veut que nous considérions tous ce qui nous environne comme étant non seulement vivant mais constituant une émanation en miniature du tout. Cela éviterait à notre existence de devoir traverser certaines calamités qui malheureusement du fait de notre perpétuation des mauvaises pratiques s'érigent en situations inévitables.

Prenons garde et retroussons nos manches car le bien-être, la croissance et la quiétude des uns et des autres en dépend.

Texte n°16 : La tolérance, une pratique permettant à chacun d'expérimenter ses convictions

Depuis toujours, l'organisation des sociétés, les débats d'idées, les échanges interpersonnels ainsi que les partages d'expériences ont été des creusets où n'ont cessé de coexister des façons de voir et des manières de faire très variées. Cependant, le constat récurrent est la tendance à:

- imposer son point de vue,
- contraindre à une manière de faire,
- fustiger la divergence d'opinion,
- obliger à une conduite particulière,...etc

Ainsi, la question qui se pose est la suivante, "A t-on besoin de s'imposer à autrui si l'on sait que ce que l'on prône est une vérité incontournable?"

La recherche de réponse à cette question, pousse à explorer le concept de la tolérance pour y comprendre un peu plus les dessous.

Définie comme l'indulgence, l'action de supporter ce que l'on ne peut empêcher ou que l'on croit ne pas pouvoir empêcher, l'acceptance des idées, des sentiments différents des nôtres...etc, la tolérance est cette capacité qu'à l'individu d'admettre et de permettre que les autres voient les choses à leur convenance et qu'ils aient la liberté de faire les choses comme ils l'entendent sans porter atteinte à la réglementation en vigueur.

Il apparaît que hormis le cadre réglementaire inhérent à toute organisation, collectivité, groupe, association...etc, le fait de laisser à chacun une marge de manoeuvre lui permettant de faire sa propre expérience des choses constitue une façon de l'amener indirectement à toucher du doigt certaines subtilités incontournables qu'il serait difficile de lui expliquer verbalement.

Il ressort que le manque de tolérance dans un système aliène et empêche de savoir exactement pourquoi l'on doit adhérer à telle idée et ne pas adhérer à telle autre idée.

Admettre et permettre que l'autre soit différent de soi semble à première vue facile mais son implémentation révèle tellement de contraintes au commun des mortels que seulement une infime partie arrive à tirer leur épingle du jeu.

Pour les personnes averties, celui qui est sûr de ce qu'il prône ne craint ni la contradiction ni l'absence de soutien et d'accompagnement car ce qui est finit toujours par faire surface indépendamment de l'approbation ou de l'improbation des uns et des autres.

Pour des engagements profonds et des convictions avérées dans les adhésions, il s'avère nécessaire que chacun ait l'opportunité de faire sa propre expérience des différentes facettes des situations rencontrées.

Il va de l'intérêt des uns et des autres de faire de la tolérance un moyen d'expression du respect envers autrui et aussi un outil d'aide à la mobilisation des énergies autour de l'atteinte des objectifs fixés.

TROIS TROUSSEAUX DE CLEFS UTILES POUR LA VIE

Trousseau n°1 : Sept clefs pour mieux appréhender les relations humaines

Clef n°1- Ne te sens jamais mal quand tes vieux amis deviennent tes ennemis, ils en ont marre de faire semblant... le temps a révélé ce qu'ils ont toujours été.

Clef n°2- Lorsqu'on fréquente quelqu'un pour son physique, c'est de l'attirance.

Lorsqu'on le fréquente pour son intelligence, c'est de l'admiration.

Lorsqu'on le fréquente pour son argent, c'est la quête du profit.

Lorsqu'on le fréquente parce que sa compagnie nous met à l'aise indépendamment de son physique, son intelligence, son argent... mais du fait de ce qu'il dégage comme vibration, c'est de l'amour.

Clef n°3- Agir pour plaire à autrui, c'est essayer de faire passer sa radiation par des filtres extérieurs afin de l'adapter au goût des autres. *Ce faisant, non seulement l'on procède à l'inhibition de l'harmonie personnelle au détriment d'une harmonie apparente avec les autres mais l'on finit aussi par perdre l'habitude d'être honnête et franc envers soi-même et envers autrui.* Il n'est pas de trop dans ces conditions de se remémorer que lorsqu'on essaye de cacher la lumière du soleil, on y arrive jamais mais on finit toujours par se faire brûler par ses rayons.

Clef n°4- Quels que soient notre titre, notre rang social, notre origine, notre culture, nos relations, nos possessions...etc, nous trouverons toujours des personnes meilleures ou pires que nous*. *Il n'est donc pas question de se comparer à autrui mais de se rendre compte que notre unicité est indiscutable et d'admettre que la diversité d'opinion, de vision, de goût, de mentalité...etc n'est non seulement pas l'apanage d'une génération mais qu'elle fait la beauté des relations humaines.

Clef n°5- On peut se connaître, se comprendre mais ne pas être en mesure de s'accepter mutuellement. Ce manque d'acceptation mutuelle induit l'incapacité de s'entendre qui occasionne des problèmes de collaboration, de coopération, d'association, de cohabitation, de synergie...etc dans les relations humaines. Pour plus d'harmonie dans les relations, il est impératif de s'exercer à accepter les autres tels qu'ils sont et non tels que l'on veut qu'ils soient. Une chose est sûre, l'autre n'est pas moi.

Clef n°6- Il existe des lois intégrant toutes les contraintes indispensables au bien-être des uns et des autres et qui régulent le fonctionnement de l'univers dans lequel nous vivons. La conformation à ces normes morales impersonnelles et intemporelles extraites de l'archétype de la source primordiale de vie est indispensable pour booster l'aptitude d'accepter les autres tels qu'ils sont et réaliser ainsi la cohésion dans les relations humaines malgré les divergences.

Clef n°7- Indépendamment des différences de forme, nous devons nous remémorer que nous provenons d'une même source et respecter le souffle qui est en chacun de nous et qui nous tient debout. Attelons-nous à respecter la règle d'or des relations humaines:

" Faisons à l'autre ce que nous aimerions qu'on nous fasse".

Trousseau n°2 : Sept clefs pour accentuer l'expansion de la conscience

Clef n°1- S'il n'y a pas une forte corrélation entre l'image que vous projetez et les traces laissées par les actions que vous posez, vous devez vous remettre en question car Il vaut mieux être sans se faire voir que de paraître sans être.

Clef n°2- Faites de votre mieux pour éviter et si possible transcender la dualité. Cependant, si malgré tout, il vous arrivait de devoir faire face à l'adversité, faites en sorte que ceux que vous avez vaincus soient heureux de vous avoir eu comme vainqueur et que ceux qui vous ont vaincus vous reconnaissent des mérites qui vous distinguent au sens positif du terme.

Clef n°3- Il est vrai que le fait de se fier à ce que les autres disent de vous vous aide rarement à atteindre vos objectifs personnels. Cependant, s'il vous arrivait de vouloir savoir ce que les autres disent de vous en votre absence, écoutez ce qu'ils disent des autres en votre présence.

Clef n°4- Il n'est pas bête d'être bon mais il est bête de penser que celui qui est bon est bête.

Clef n°5- Ne soyez pas gênés de devoir passer inaperçu à certains moments de votre vie car les gloires des stades sont rarement égales d'une période à une autre.

Clef n°6- Votre entourage ne vous dira pas souvent ce qu'il vous reproche ni ce qu'il apprécie en vous mais si vous prenez l'habitude de faire l'introspection de vos journées, vous arriverez à faire la part des choses.

Clef n°7- Lorsque le silence de la plénitude prend le dessus dans votre vie, vous ne pourrez jamais expérimenter la plénitude du silence en ce sens que si vous vous habituez au fait de n'être à l'aise que lorsque les choses vont bien, vous n'arrivez jamais à découvrir que c'est le fait de se sentir à l'aise quelle que soit la situation qui amène les choses à aller bien.

Trousseau n°3 : Sept clefs pour garder une posture favorable à la réalisation des objectifs

Clef n°1- Apprenons à définir des objectifs Simples, Mesurables, Atteignables, Réalistes et Temporels (SMART) dans tous les domaines de notre vie.

Clef n°2- Habituons-nous à ne pas modifier nos objectifs quels que soient les blocages que nous rencontrons dans le processus devant mener à leur réalisation. Il peut cependant arriver que nous soyons amenés à modifier nos priorités.

Clef n°3- Développons l'aptitude d'évaluer au plus tôt chaque méthode que nous utilisons dans le processus devant mener à la réalisation de chacun de nos objectifs et en cas d'inefficacité d'une méthode, cultivons l'aisance à en expérimenter une autre et encore une autre jusqu'à la réalisation de tous nos objectifs.

Clef n°4- Tout au long du processus menant à la réalisation de chacun de nos objectifs, nous devons garder à l'esprit le principe "ce que tu veux pour toi, tu dois aussi le vouloir pour les autres" et rester juste.

Clef n°5- Pour ne pas naviguer à contre-courant tout au long du processus menant à la réalisation de nos objectifs, nous devons nous entourer de personnes qui ont pu réaliser des objectifs similaires et échanger avec elles pour s'enquérir des méthodes qu'elles ont utilisées.

Clef n°6- Nous devons maintenir un état d'esprit qui nous fait comprendre tout au long du processus menant à la réalisation de nos objectifs que " si ça ne marche pas, ce n'est pas parce que c'est impossible mais c'est parce que nous nous y prenons mal".

Clef n°7- Tant que ce que nous faisons ne blesse personne, nous devons prendre conscience que nous avons l'accompagnement de l'univers. Le relâchement ou l'abandon ne peut que provenir de nous.

QUELQUES PENSEES INSPIRANTES SUR LA VIE

Pensée n°1

Malgré tout l'acharnement dont fait montre le bûcheron durant l'abattage de l'arbre, ce dernier ne se permet pas de se laisser traverser par l'idée de priver son prédateur de son ombre bienfaisante. Telle doit être la caractéristique fondamentale du comportement de l'humain en matière d'expression de l'amour inconditionnel à l'endroit de ses semblables et des autres créatures.

Pensée n°2

La personne la plus affûtée s'aperçoit difficilement du dixième des regards dont elle fait l'objet. Ainsi, même si nos sens n'arrivent pas à détecter la moindre présence physique, sachons néanmoins que nous sommes vus. Rien ne passe inaperçu.

Pensée n°3

Le manipulateur à dans la plupart des cas la propension à considérer que les autres ne sont pas aussi éveillés que lui. Il suppose ainsi implicitement que son monde diffère de celui des autres oubliant qu'en réalité les dormeurs ont chacun leurs mondes et que les êtres éveillés n'ont qu'un seul monde. Restons éveillés car dès que nous commençons à vivre dans un monde différent de celui des autres, soit nous dormons soit nous sommes entrain de mourir.

Pensée n°4

La nature humaine à l'habitude de se sentir offusquée lorsque ses réalisations ne comblent pas ses attentes oubliant que parfois, le fait de ne pas voir les choses se dérouler comme elle l'aurait souhaité constitue une grâce incommensurable de l'intelligence cosmique à son endroit. En réalité dans la plupart des cas elle n'a que de fausses joies et de fausses tristesses parce que ne sachant pas réellement quand se réjouir et quand être triste.

Pensée n°5

Il n'est pas de trop d'intégrer qu'alors que les lois sociétales sont temporelles et non rétroactives, celles cosmiques sont atemporelles et rétroactives. L'appréhension de cette nuance devrait préoccuper les uns et les autres en ce sens que l'ignorance d'une loi n'a jamais dispensé et ne dispensera jamais du fait de subir les représailles liées à sa transgression.

Pensée n°6

Beaucoup sont ceux et celles qui, en vain, font des pieds et des mains pour que le pouvoir les serve sans comprendre que ce sont leurs services inconditionnels à l'endroit du pouvoir et de ses arcanes qui, lorsqu'ils atteignent une certaine proportion amènent le pouvoir à se mettre naturellement à leur service. Qu'il souvienne aux uns et aux autres que le degré d'obéissance que l'on reçoit des choses est toujours proportionnel à celui que l'on leur donne.

Pensée n°7

Il est fréquent de constater que la même personne réagit différemment à une même situation face à des personnes différentes. L'on peut comprendre de ce fait que la façon dont l'individu se comporte révèle ce qu'il sait de sa personne alors que la façon dont les autres se comportent à son égard révèle ce qu'il y a en lui mais qu'il ne sait pas. L'environnement et le voisinage sont donc des miroirs qui nous permettent d'en savoir plus sur nous-mêmes.

Pensée n°8

Ce n'est pas la peine de s'en prendre à la vie si elle place sur votre chemin des personnes capables de lire vos intentions et de chaque fois vous démontrer qu'elles vous ont à l'oeil là où vous vous imaginez être cachés. La notion de hiérarchie est inhérente au cosmos de l'univers et il vaut mieux avouer honnêtement sa défaite devant un supérieur que de vouloir trouver des raisons pour justifier son incapacité à donner corps à son dessein machiavélique.

Pensée n°9

Ce n'est pas parce que vous n'avez pas pu donner corps à vos intentions face à une situation qu'il faut peindre cette dernière en noir et jeter de l'opprobre sur elle. Car qu'il vous souvienne, si tant est qu'elle était si noire pourquoi étiez-vous prêt à tout donner pour vous en approprier.

Pensée n°10

Ne sois pas si obnubilé par le fruit des années d'effort des autres au point de te laisser gagner par la paresse qui t'empêchera de retrousser les manches pour faire un pas dans le sens de la matérialisation de tes propres aspirations. Tu n'as pas idée du prix qu'ils ont payé pour entrer en possession de ce que tu convoites chez eux.

Pensée n°11

La responsabilité s'évalue à la capacité d'agir pour dompter efficacement ou éviter par anticipation les revers des situations ayant directement trait à soi ou à ses proches. Ainsi, lorsque tout va bien et que personne ne sait pourquoi, on ne saurait distinguer la personne responsable de celle qui ne l'est pas.

Pensée n°12

Un leader qui cite des exemples pour inspirer et motiver demeure un bon orateur. C'est seulement quand il devient lui-même celui dont les actes inspirent qu'il arrive à naturellement fédérer les énergies autour de l'atteinte des objectifs fixés.

Pensée n°13

Le jour où l'humain arrivera à se passer de l'appréciation de son entourage, il commencera par appréhender la raison pour laquelle son séjour dans la matière est jonché de tracasseries de tous ordres. Il pourra dès lors rentrer réellement en contact avec lui-même et agir conformément à ses aspirations profondes.

Pensée n°14

Parfois des personnes sont avec vous, parlent pour vous encourager, agissent très souvent pour vous soutenir mais ne croient pas en vous et supporteront très mal votre réussite. Pour vous en convaincre, observez simplement leur réaction quand ils apprennent votre réussite.

Pensée n°15

Tout finit toujours par se savoir et c'est pourquoi rien ne reste éternellement caché. Fort de cela, le semblant n'a jamais été et ne sera jamais un trait de caractère des personnes éclairées qui nous côtoient en silence mais projettent beaucoup de lumière dans nos vies.

Pensée n°16

La perfection n'est certes pas de ce monde cependant, il n'est pas de trop de faire en sorte que nos paroles et actions quotidiennes laissent des traces susceptibles d'inspirer positivement ceux dont l'éducation nous incombe et les autres personnes aspirant à travailler sur elles-mêmes pour matérialiser une meilleure version de ce qu'elles sont.

Pensée n°17

L'expérience a montré que celui qui te réprime parce que tu lui as dit la vérité, recommande à sa descendance ou à ses proches de t'avoir comme ami. Ceci simplement parce qu'il sait au plus profond de lui-même que ce que tu lui as dit est fondé et pertinent mais il ne veut simplement pas l'admettre ou n'est pas prêt à faire le pas pour s'y conformer.

Pensée n°18

Comme le disent les sages, ce qui est permanent transcende le temps, c'est pourquoi il est suggéré de toujours agir de façon à inscrire nos actions dans le domaine du permanent de façon à ce que même des années après, lorsque l'on jette un coup d'œil sur lesdites actions, que l'idée que l'on a de nous ne s'écarte pas de celle qu'on a eu de nous au moment où nous les avons posées.

Pensée n°19

Ne faisons jamais l'erreur de croire que nous sommes indispensables même si tout repose sur nous. Car, lorsque nous ne serons plus là, les mêmes personnes dont les agissements tendaient à nous faire croire que nous étions indispensables feront tout pour prouver que nous étions de trop. Sachons donc nous rendre utiles sans jamais nous faire berner par l'appréciation que font les autres de nos actions.

Pensée n°20

Les gens ne vous respectent véritablement que lorsqu'ils ont connaissance de vos réalisations et leur donnent du prix ou lorsque la plupart de leurs références les informent de la place que vous occupez dans leurs vies. Pour cela, laissez les gens faire leur chemin en évitant de les en vouloir quand ils ne vous considèrent pas. Ils n'ont pas tort, ils ne savent pas assez sur vous et ils n'agissent que par rapport à leur niveau d'information en ce qui vous concerne. Prenez donc l'habitude de faire chaque jour ce que vous avez à faire sans vous laisser influencer par les avis de votre entourage.

Pensée n°21

Il est indispensable d'apprendre à traverser les situations sans leur permettre de nous affecter car, malgré le fait que la vie est interdépendante de nature, s'il faut considérer les agissements, propos et différentes conspirations à travers lesquelles son océan nous fait naviguer pour la plupart du temps à contre-courant, l'on est facilement amené à refuser de côtoyer l'humain en général et nos proches en particulier.

Pensée n°22

L'humain gagnerait beaucoup en faisant le travail nécessaire pour être bon de l'intérieur, s'habituer à donner de sa personne aussi bien pour son propre bien-être que pour celui des autres et éviter certaines dérives assimilables à des simagrées car la croissance, qu'elle soit personnelle ou collective, n'est presque jamais basée sur une panacée mais résulte toujours de l'alignement entre le bon état d'esprit et l'accomplissement continu d'actions minutieusement choisies pour l'atteinte des résultats escomptés.

Pensée n°23

Il n'est pas de trop d'intégrer le fait que ce qui amène les circonstances, les choses et les personnes à nous obéir est beaucoup moins notre volonté de nous imposer à elles que leur réaction naturelle à notre obéissance continue aux lois qui les régissent et qui régulent leur fonctionnement car, faudrait-il le rappeler, pour commander, il faut avoir appris à obéir.

Pensée n°24

Il va de notre intérêt de faire l'effort de connaître les principes cosmiques et de nous atteler à leur respect car faudrait-il le rappeler, si pour nos intérêts personnels, nous les transgressons, ils se chargeront tôt ou tard de non seulement sacrifier nos intérêts mais aussi de disperser nos acquis pour la simple raison qu'ils sont en eux-mêmes immuables et incorruptibles.

Pensée n°25

Il va de l'intérêt des uns et des autres de passer au peigne fin ce qu'ils considèrent comme étant leurs recours dans les situations embarrassantes car, trop souvent, la plupart de leurs désarrois tirent leurs origines réelles de ces mêmes sources inimaginables et insoupçonnées. Ceci explique le fait que certaines tentatives de résolution de problème, intégrant pourtant des paramètres très variés, se révèlent être des parcours de labyrinthe.

Pensée n°26

Malgré le désordre apparent que renvoie l'observation de bon nombre d'évènements qui surviennent dans la vie de l'humain à son mental, il demeure qu'il existe bel et bien un ordre absolu qui régit tout et aussi une autorité suprême qui valide tout. Ainsi, il revient de comprendre que tout jugement est d'une manière ou d'une autre l'expression d'un manque de respect à l'autorité naturelle en ce sens que dans la plupart des cas l'humain en sait très peu sur le pourquoi des choses.

Pensée n°27

Lorsque l'individu n'a jamais eu la chance de traverser les ténèbres, il ne peut jamais apprécier à sa juste valeur l'intensité de la lumière qu'il porte en lui. L'épicentre de l'expérience humaine n'est donc pas d'éviter les ténèbres mais de travailler à accroître sa propre lumière jusqu'à ce que cette dernière puisse embraser le voisinage et arracher aux ténèbres leur noirceur.

Pensée n°28

S'autoévaluer périodiquement, identifier les écarts négatifs qui s'y dégagent et prendre au fur et à mesure des orientations qui font grandir constituent un ensemble d'actions qui menées de façon coordonnée et répétée éloigne des situations peu recommandables. Il n'est donc pas question de se leurrer car les récidives perpétrées continuellement et érigées en mode de fonctionnement ne conduisent qu'à des calamités qui font de la souffrance le quotidien de l'humain.

Pensée n°29

Pour prendre une décision importante, il est suggéré de se fier à sa voix intérieure et non à son mental ni aux intérêts du moment car bien de situations dépourvues de détrompeurs naturels parsèment la vie de l'humain pour lui démontrer que la raison a des limites et que les sens peuvent ne pas toujours percevoir ce qui est. Travailler sur soi afin de pouvoir avoir des yeux pour voir, des oreilles pour entendre et un coeur pur pour comprendre devient ainsi un devoir auquel l'on ne devrait déroger.

Pensée n°30

Alors que la façon de se comporter traduit ce que l'on sait de soi-même, les agissements des autres envers nous révèlent ce qu'ils voient en nous. Le fait que les gens se comportent différemment envers notre personne témoigne qu'ils ne voient pas les mêmes choses en nous. La question qui se pose à cet effet est la suivante: sommes-nous plus ce que nous savons de nous-mêmes que l'ensemble de ce qui est vu en nous? Chacun, en ce qui le concerne, est invité à réfléchir à cette question.

Pensée n°31

C'est toujours un grand privilège d'être soi-même. Le très haut qui d'ailleurs ne se trompe jamais a donné une preuve de son omniscience en faisant en sorte qu'à la naissance de chacun, il soit prénommé d'une façon très précise. Chacun devrait toujours être fier de ce qu'il est indépendamment de ses conditions de vie, sa classe sociale...etc. Vouloir être une autre personne ou envier autrui au point de renier sa valeur intrinsèque relève non seulement de l'ignorance mais surtout augure d'une mauvaise appréhension de l'intelligence qui gouverne le cosmos de l'univers.

Pensée n°32

Faisons en sorte que le chagrin de quelqu'un ne soit pas le fruit de nos manœuvres car ce faisant, non seulement nous nous donnons du fil à retordre tel un larbin mais aussi, nous portons atteinte à l'ordre normal de l'univers qui est censé régir notre propre bien-être. Qu'il nous souvienne qu'il n'y a meilleure manière de se condamner à subir indéfiniment l'intransigeance sans précédent de la vie que d'être la cause des déboires de ses semblables.

Pensée n°33

Si le fait de ne pas savoir ce que l'on veut n'est pas excusable et entraîne une errance continue, celui de ne pas pouvoir dire non à ce que l'on ne veut pas est assimilable à un choix personnel de régression et de dégénérescence. Dans ces conditions, il est non seulement indispensable de savoir ce que l'on veut mais aussi crucial de faire tout ce qu'on peut et qui respecte les clauses sociales pour lui donner corps. Il revient ainsi à chacun de se questionner sur le sens de son existence et de se remémorer le fait que dans la vie, ne pas choisir, c'est encore choisir.

Pensée n°34

Le fait d'agir sans atteindre les résultats escomptés amène à se convaincre que l'on a encore du chemin alors que celui de matérialiser les idéaux sans que les actions menées n'aient trahi l'ordre social établi révèle une dextérité dans l'organisation et atteste de l'efficacité de chaque action prise séparément. Il apparaît donc que l'action, malgré son caractère indispensable, ne saurait se soustraire des contraintes du milieu et n'est valorisée que par l'atteinte du résultat attendu. Chacun de ce fait est invité à trouver le meilleur moyen de faire tenir aux fruits la promesse des fleurs.

Pensée n°35

S'il arrive que l'on soit amené à invectiver les autres pour leur faire prendre conscience de certaines de leurs déviances comportementales qu'ils tendent à ériger en règle, il demeure cependant préférable de toujours montrer le bon chemin à travers l'exemplarité dont fait montre notre propre comportement dans la société car, l'habitude de donner le bon exemple réduit progressivement mais avec la plus grande certitude la contrainte de devoir faire des remontrances à n'en plus finir. Pensons-y et tenons-en compte chaque fois que nous sommes sur le point d'opiner sur notre désaccord avec quelqu'un.

Pensée n°36

Bien que la mégalomanie prend de plus en plus de terrain de nos jours, il n'est pas de trop de se remémorer le fait que l'infiniment grand se trouve dans l'infiniment petit et que le niveau d'appréhension de la grandeur n'est pas toujours lié à l'arsenal de communication mobilisé autour. Il importe de ce fait de ne pas se laisser manipuler par le besoin individuel sans cesse grandissant de s'afficher en faisant l'effort de sciemment passer inaperçu par moment car, lorsqu'une force a conscience d'elle-même, son besoin de se démontrer à autrui ou à elle-même s'estompe. Pensons-y.

Pensée n°37

Ce qui nourrit les relations humaines est moins la sympathie basée sur le semblant que la reproduction constante et continue des dits, faits et gestes qui, tout en n'occultant pas la primauté des valeurs cardinales de la vie, préservent les acquis de tous et contribuent à insuffler la découverte de soi, la force de tenir devant les challenges et l'adversité , la capacité de s'affranchir de l'autoflagellation, la possibilité de croître...etc. Il n'est donc pas question de miroiter à autrui ce qu'il veut voir mais d'être pour lui une opportunité de se voir tel qu'il est effectivement. Tenons-en compte, le monde irait mieux.

Pensée n°38

Beaucoup d'idées s'intégrant bien à la logique demeurent souvent irréalisables à l'échelle matérielle. Ceci pousse à dire que l'exactitude d'une idée garantit rarement sa faisabilité car, des idées à leurs implémentations, il y a pas mal de paramètres matériels qui sont omis dans les formulations mentales. On comprend que la logique et la pertinence des idées sont nécessaires mais leurs transpositions dans la matière à travers des actions minutieusement choisies est indispensable. Pensons-y car, pour les personnes averties, le seul critère de la vérité est la pratique.

Pensée n°39

Ne pas savoir qu'on ne sait pas fait parfois croire qu'on sait jusqu'au moment où on se retrouve devant le fait accompli. Là, on se remet en cause pour aboutir à l'acception d'être éduqué. Chemin faisant, les circonstances font prendre conscience qu'alors que l'on est profondément immergé dans cette dynamique d'apprentissage perpétuel, l'on a assez appris pour maintenant être écouté. C'est seulement à ce stade que l'aptitude à puiser en soi pour étancher la soif des autres devient une réalité dont la pratique prolongée inhibe le besoin de s'autoproclamer connaisseur.

Pensée n°40

Si aspirer à quelque chose est bien, la connaître au point de pouvoir l'identifier une fois en sa présence est préférable car de nos jours, tourner en rond, passer son temps à lutter contre ce qui ferait son bonheur, s'éloigner des chemins qui mèneraient à bon port, côtoyer l'objet de ses aspirations sans le soupçonner, dormir sur un lit fait de ce qui fait l'objet de ses efforts quotidiens...etc sont devenus monnaie courante. La question qui demeure est la suivante: A-t-on les bons indices qu'il faut pour reconnaître nos aspirations? Pensons-y, il y va de l'intérêt de tous.

Pensée n°41

Les situations en elles-mêmes n'ont pas de volonté propre et l'opposition apparente qu'elles nous affichent n'est que le reflet de l'inadéquation de nos stratégies pour les approcher. Il s'en suit que la réponse en arrière-plan de dame nature à toute requête s'inscrivant dans le cadre de l'amélioration des conditions de vie a toujours été favorable et que s'il nous arrive de devoir passer beaucoup de notre temps à rechercher la bonne combinaison, cela n'a aucun lien avec le cosmos de l'univers. On réalise ainsi que le vrai problème demeure notre manque de détermination et de persévérance. Pensons-y, le monde irait mieux.

Pensée n°42

Constater que quelque chose tourne mal dans son milieu de vie et ne rien faire dans le sens de son amélioration revient à prononcer son propre aveu de soumission et à adopter un silence approbateur. Les actions entreprises pour changer la donne, aussi infimes soient-elles parce que ne faisant pas à elles seules le poids devant la situation et nécessitant énormément de temps pour être perçues, témoignent néanmoins d'un militantisme en faveur de la pérennisation d'une société où la défense de l'intégrité du milieu de vie est priorisée et où l'on ne se borne pas à agir rien que pour sauvegarder ses intérêts personnels. Pensons-y.

Pensée n°43

L'attitude parle plus fort que les mots et une personne sans maîtrise de soi est comme une ville sans murs. L'être humain ferait alors mieux de gérer sa faiblesse avant qu'elle ne le conduise au pire. De plus, quoi qu'il en soit, se laisser contrôler par sa faiblesse devrait être remplacé par des efforts précis faits sur soi pour le contrôler si l'on ne veut pas lui permettre d'induire à la fois la destruction de soi et celle des autres.

Pensée n°44

Si tout te plaît, c'est la preuve que tu ne sais pas ce que tu cherches. Et, comme partir pour nulle part ne mène généralement à aucune destination, ne pas obtenir de résultat concret à l'issue d'une errance prolongée relève beaucoup plus de l'expression d'un principe que de la brimade d'une prétendue fatalité qui s'en prend aveuglément à un individu placé en mauvaise posture par des manœuvres peu communes. Ainsi, si l'on peut parfois ignorer comment s'y prendre, il est inadmissible de se permettre le luxe d'ignorer où l'on va car, sans une destination en tête dès le départ, l'action n'a pas de sens. Pensons-y.

Pensée n°45

Le jour où l'humain arrivera à distinguer ce qu'il voit de ce qui est, il se rendra compte qu'il n'a jamais rien vu. En effet, lorsqu'on a une idée dans la tête en posant un regard sur une situation, ce que l'on voit est dans la plupart des cas ce à quoi l'on s'attend et non ce qui est. C'est ainsi que du fait des filtres mentaux érigés par soi-même, bon nombre de choses passent sous le regard souvent attentionné de l'intéressé sans que ce dernier ne soit en mesure d'en détecter la moindre lueur. Que la vie nous ouvre les yeux afin que nous cessions de demeurer aveugle et d'en donner continuellement la preuve.

Pensée n°46

Au lieu d'agir rien que pour obtenir l'approbation et l'opinion favorable des autres, agissons plutôt pour donner l'opportunité à notre soi de s'exprimer et de contribuer à l'érection d'un monde meilleur car, même s'il est très difficile à une seule personne d'apporter un plus partout et au même moment, l'impact positif de chaque petite action menée avec un amour inconditionnel sur sa cible n'est pas négligeable et sert de source d'inspiration dans la plupart des cas. C'est l'une des façons de transformer le monde... pensons-y.

Pensée n°47

Si le fait d'aspirer à exercer le pouvoir sans avoir été à l'école de celui-ci gagne du terrain de nos jours, c'est parce que l'on conçoit à tort qu'on peut commander sans avoir appris en amont à obéir. En réalité, l'ascendance librement consentie est une conséquence de l'accoutumance à une obéissance prolongée aux principes du pouvoir cosmique car, depuis la nuit des temps, les tentatives d'exprimer une énergie que l'on n'incarne pas ou avec laquelle l'on ne s'est pas harmonisé se sont toujours soldées par des échecs lamentables. Vivement, que l'incarnation des principes devienne le levier qui donne l'accès au commandement.

Pensée n°48

L'éclaireur étant toujours la première cible des éclairés lorsqu'il se trouve dans leurs champs de vision, être bien intentionné et agir conséquemment ne doivent pas dispenser de prendre des dispositions pour se prémunir des effets indésirables du retour de la manivelle.

CONCLUSION

Le présent ouvrage intitulé **Enracinement dans l'apprentissage de la vie** fait suite à celui intitulé **Initiation à l'apprentissage de la vie** et comporte trois parties. La première partie aborde seize (16) thématiques inspirées des situations rencontrées dans notre vie de tous les jours à travers des textes judicieusement choisis à cet effet. La deuxième partie est faite de trois (3) trousseaux de sept clefs chacun outillant respectivement les lecteurs sur l'appréhension des relations humaines, l'accentuation de l'expansion de la conscience et la réalisation des objectifs. La troisième partie renferme quarante-huit (48) pensées inspirantes sur la vie.

Les textes, clefs et pensées constituent un ensemble d'éléments qui aident les lecteurs à mieux s'enraciner dans la dynamique de l'effort mental et de l'accoutumance à l'ouverture d'esprit indispensables pour faire leur chemin dans le domaine de l'apprentissage de la vie.

Les lecteurs qui se seraient attardés sur chacun de ces écrits avec l'intention d'en extraire la quintessence, auraient pris la peine de creuser leurs dessous tout en s'autoévaluant par rapport aux enseignements perçus en apprendront beaucoup et pourront identifier et exploiter les valeurs ajoutées de cet ouvrage.

Toute personne désirant s'améliorer sur le plan comportemental et voulant changer sa façon de voir son quotidien en vue de s'affranchir de la dualité apparente de la vie et qui aurait procédé comme indiqué ci-dessus ne pourra qu'être satisfait des résultats qu'elle aura obtenus.

Cet ouvrage pourra aider dans tout processus :

- ✓ de mise en relief des réalités de la vie
- ✓ d'accoutumance au décodage des pensées inspirantes sur la vie,
- ✓ d'enracinement dans le savoir être et le savoir vivre,
- ✓ de recherche d'ouverture d'esprit et d'expansion de la conscience,
- ✓ de mise à disposition d'outils d'harmonie personnelle et communautaire,
- ✓ de promotion du changement de comportement,
- ✓ de transmission des fondamentaux de l'exemplarité

  ....etc

Printed by Books on Demand GmbH, Norderstedt / Germany